辻信一とともに歩く
タシデレ！ 祈りはブータンの空に
（幸あれ）

辻信一とともに歩く
タシデレ！ 祈りはブータンの空に
幸あれ

寒風は望むところと祈祷旗

古靴とともに年越す旅路かな

GNH—ブータンは幸せの国 !?—
かんじんなことは、目に見えないんだよ（『星の王子さま』より）

辻 信一

　ぼくがブータンに最初に行ったのは2004年。以来、20回近く通ったことになる。一体何がそんなに面白いのか、と友人たちも呆れ気味だ。面積は九州程度で、そのほとんどは急峻な山と森林。人口はたった70万人ほど、東京の練馬区くらいだ。考えてみれば、確かに飽きない自分がちょっと不思議にもなる。

　何がぼくをブータンに惹きつけてきたのだろう。それをブータンに通いながら、ずっと考えてきたような気がする。もちろん、その答えは単純ではありえない。知れば知るほどブータンは奥深く、重層的で、多様性に満ち、雑然として、不可解だ。

　ブータンの話になると、よく言われる。「ブータンって、幸せの国なんでしょ？」

　ぼくがブータンによく行くのは、そのせいだ、と言わんばかりに。こういう単純化にぼくは抵抗を覚える。というより、ぼくが身をもって経験しているブータン自体が、こ

ういう単純化に抵抗するのだ。

　この小論では、今や世界規模に広がった「幸せの国ブータン」というイメージについて考え直す（アンラーンする）ために、その元になったと思われる"GNH（国民総幸福）"という言葉に注目する。それは、ブータンという社会についてよりよく知ってもらうためというより、我々現代人が、それぞれの社会について、人生について、考え直すために役立つと思うから。

　結論を先に言ってしまえば、GNHとは答えではない。それは、各々の人の中に「幸せとは？」「豊かさとは？」といった基本的な問いを呼び覚ます"種火"のようなものなのだ。

　まず一言断っておきたい。ぼくがこの一文の中でブータンについて言うことの多くは噂に依拠している。しかし、ブータン社会ではいまだに噂の方が、書かれた文書よりも信憑性が高いということがよくある。実はここにも、ブータンという社会の面白さの一端がある、とぼくは考えている。

"GNH" という思想

　ぼくとブータンとのつながりも、きっかけは"GNH"という言葉だったと思う。人類学者や冒険家によってつくられた、それまでの「秘境」としてのエキゾチックなイメージの中に、突然、この奇妙な言葉が飛び込んできて、ぼくの好奇心をかきたてた。90年代半ばのことだ。

　GNHの起源は70年代までさかのぼる。諸説あるのだが、有力な説によると、それはジグメ・シンゲ・ワンチュク第4代国王（現在の第5代国王の父君）（🐎）が1979年、24歳の時に初めて使った言葉だ。経済の指標としてよく使われていた"GNP"（グロス・ナショナル・プロダクツの頭文字、日本語では「国民総生産」）をもじって、「P」に「H」を入れ替えた──つまり、「プロダクツ（商品）」の「P」の代わりに「ハピネス（幸せ）」の「H」を入れた。GNHとは、だから、一種の言葉遊び、平たく言えば"駄洒落"だったのだ。日本語では、ふつう「国民総幸福」と訳されている。

　この言葉が最初に使われた時のことを、ブータンで長く暮らし、第4代国王とも親交のある今枝由郎氏（🐎）の話を

· ·

🐎 ジグメ・シンゲ・ワンチュク（Jigme Singye Wangchuck 1955-）
第4代ブータン国王。1972年、第3代国王の急逝により、16歳の若さで国王となる。第3代国王の遺志を継ぎ、国際社会への参画や国内の政治改革を推進。自ら王制から民主化への道筋をつけ、2006年に退位した。

もとに再現してみよう。

キューバで開かれた非同盟諸国首脳会議に出席した若き国王は、その帰途、インドで報道陣の取材に応じた。その中である記者が「あなたの国のGNPは？」と質問したという。これに対して、第4代国王は「GNPとは何ですか？」と訊き返した。インドの記者たちは驚いて、「いや、知らないはずはない、あなたが出席したばかりの会議で、そのGNPこそが中心の議題だったのだから」、と反論したらしい。

すると国王はこう答えた。「知っていることと知らないことは、人によって異なります。それでは逆に私の方からあなたがたにお訊きしますが、GNHを知っていますか？」

記者団はもちろん知らない。国王は言う。「私がGNPを知らないことはありえない、とあなたがたは言うけれど、逆に、私が知っているGNHを、あなたがたは知りませんね」

では、その「GNH」とは何かと尋ねる記者たちに、国王はその意味を説明し、「この方が、GNPよりも大切です」と答えて、会見を終えたという。

当時のブータンのGNPが世界最低クラスであることを

・・・・・・・・・・・・・・・・・・・・・・・・・・・・・・・・・・・・・・・
🐚 今枝由郎（いまえだよしろう 1947-）
チベット学・仏教学の研究者。フランス国立科学研究センター主任研究員を経て、1981-90年にブータン国立図書館顧問としてブータンに赴任、国立図書館の建設に尽力した。著書に『ブータンに魅せられて』（岩波新書）、『ブータン仏教から見た日本仏教』（NHKブックス）などがある。

記者たちは知っていたはずだ。それをわざわざ尋ねるのだから、意地悪い質問だ。それに対して、しかし、国王は正面から答える代わりに、一種の"駄洒落"を通じてこう言おうとしたのだと思う。たった一つの基準で人々を比較することができないように、GNPだけで国を比較したり、評価したりすることはできないのだ、と。

一定期間内にお金でやりとりされた財やサービスの総和を意味するGNPは、GDP（国内総生産）とともに、その国の経済の力、そして社会の進歩の度合を表すものとして使われてきた。それをよく承知の上で、第4代国王はこう言いたかったのだろう。お金で測られる豊かさは、必ずしも人々の幸福を意味しない。ブータンはGNPでは最低だと

プナカ県の棚田

しても、なかなか幸せな社会だ。肝心なのはそのことではないか、と。

抵抗としてのGNH

　そもそもおかしいのが、世界中が、「発展」や「進歩」というプロセスの中にあるとあらかじめ決められていることだ。そして、その「発展」や「進歩」の度合は、GNPやGDPで測るものとされる。「発展」の中身を最初から決めておいて、世界の国々を「先進国」（デヴェロップト・カントリー、つまりすでに発展した国）と、「途上国」（デヴェロッピング・カントリー、まだ発展や開発の途中にある国）に分類する。そして、この区別はほとんどそのまま「豊かな国」と「貧しい国」という区別に重なるとされる。

　「発展」や「進歩」という言葉を自分で定義してはいけないかのようだ。「わが国にとって発展とは…」という独自の定義があってもいいはずなのに。例えば、「軍事費を減らして、福祉を充実させること」、「国民の働く時間が少なくなって余暇が増えること」、「自然と文化を大事にして、美しくて幸せな国になること」、というふうに。

　しかし、現実には、それぞれの「発展」や「進歩」を目指す代わりに、世界のほとんどの国が同じ方向で足並みを揃えてきた。GNPやGDPを世界共通のモノサシとして、

11

その数値を増やすことを経済成長と呼び、それを社会の目標としてきたのだ。

さらにおかしいのは、GNP や GDP が高い「先進国」の人々の方が恵まれていて、幸せであり、遅れている「途上国」の人々は不幸でかわいそうだ、と思われてきたことだ。そこでは、お金やモノの多さと人の幸せとがあっさりイコールで結ばれている。さらに、「途上国」がもっと発展して豊かになれるように、「先進国」は助けてあげなければならない、という考えも広まった。

さて、ぼくの推測によれば、ブータン前国王の「GNH」はこの「常識」に疑いの目を向けたのである。またそこには皮肉もたっぷり込められている。

「先進国」と呼ばれる国々の経済的豊かさが、ひどいはた迷惑であることはすでに広く知られている。世界人口の2割が、世界中の8割の資源を使っている。だからこそ裕福な国は裕福なのだ。

では、世界中が経済成長して、みんなが金持ちになればいい、と前国王は考えたのだろうか。いや、彼は知っていたはずだ。全世界が世界一豊かなアメリカの生活水準に達するためには、地球が四つも五つも要るということを。

また前国王は、経済成長をめぐる競争がいたるところで自然環境の破壊を引き起こしていることを知っていただろう。1972年には、『成長の限界』（🐦）が発表されて、この

12

ままいけば人類にとって破滅的な事態が起こるという予測が、急速に現実味をおび始めていた。

　さらに、留学経験もあり海外経験も多い前国王は、高いGNPを誇る「豊かな」国々にも貧困な人々は数多くいて、また成功者と言われる人々でさえ、ブータンのように「貧しい」国々や地域の人々よりも幸せとは限らないことを知っていただろう。それどころか、「先進国」には「遅れた」地域の人々から想像もできないような、さまざまな社会問題があり、不安、孤独、ストレス、精神的な病、絶望などを抱えた不幸せな人々がたくさんいる、ということを。

ブータン流民主主義

　経済成長を目標とする世界中の国々を相手に、この小国が新しい価値観を提示したわけだから、よくよく考えてみるとこれはすごいことなのだ。おそらく当時は、GNP世界最低というような国からの発信をまともに受け止める者は少なかっただろう。しかし、ウィットに富んだあの国王

・・・・・・・・・・・・・・・・・・・・・・・・・・・・・・・・・・・・

🌀『成長の限界』
『成長の限界―ローマ・クラブ「人類の危機」レポート』（ダイヤモンド社）。1972年にマサチューセッツ工科大学のD.H. メドウズ、D.L. メドウズらが行なった「人類の危機に関するプロジェクト」のための研究報告。人口増加と経済成長が続けば、食糧不足、資源の枯渇、環境汚染によって成長は限界に達し、地球と人類は破滅すると警告、世界中に大きな影響を与えた。

の一言は、30年かけて、恐らくは彼自身の思惑を越えて、ゆっくりと、しかし着実に育っていく。それはしまいにブータンの国是となり、同時に、じわじわとヒマラヤの山の中から世界中へとにじみ出すように広がっていく。

　またその30年は、王制から民主制へとブータンが歴史的な大転換を成し遂げた時期でもある。もちろん、それは偶然ではない。ブータンの民主化とGNHとは、切っても切れない関係にあるのだ。

　2008年春、ブータンは歴史上初めての総選挙（🗳）を行って、民主的な議会を生み出した。その国会の閉会を直前に控えた7月18日、やはり史上初めての憲法が施行された。その直後にブータンを訪れていたぼくは、まだ湯気が出て

ブータンの最も高名な霊場タクツァン寺院

いるような真新しい憲法の冊子を手にすることになった。

　幸せを意味する「ハピネス」と「ウェルビーイング」という言葉は、いきなり憲法前文に現れる。さらに、第9条「国家政策の原理」の中にGNHという表現が登場する。曰く、「国家はGNHの追求のために必要な諸条件の促進に努めなければならない」（2項）。また同じ9条は、市民の人権、威厳、自由が擁護され、抑圧、差別、暴力がなく、富の格差が最小化されるような社会の実現を謳っている。

　ついでに言っておけば、第3条と第4条では、仏教的な平和、非暴力、慈悲、寛容の価値観や伝統文化の大切さが強調される。「環境」と題された第5条は、ブータン国民が未来の世代に対して環境保全の責任を負っていること、原初の自然と生物多様性を守るため、常に国土の少なくとも60％が森林で覆われていなければならないこと、などを定めている。

　国王の65歳定年制や国王をリコールできる規定をもつ第2条、政治腐敗防止のための第27条など、権力の濫用に対する厳しい姿勢が貫かれているようだ。

　国王の定年制やリコール制のところを読みながら、第4

・・・

🎙 歴史上初めての総選挙
2008年3月24日に実施されたブータン初の国民議会選挙。ジグメ・ティンレー率いるブータン調和党が47議席中45議席を占め政権を獲得した。（次の2013年7月の選挙では、国民民主党が32議席を獲得し、政権が交代）

15

代国王のちょっといたずらっぽい笑い顔が、ぼくの心に浮かんだものだ。その彼は、民主制への移行が完成するのを待たずに、2006年の暮れにさっさと権力の座から退いて、王位を長男（ジグメ・ケサル・ナムゲル・ワンチュク現国王）に譲っていた。

　噂では、王制から民主制への移行を、先頭に立って率い、導いたのは、第4代国王自身なのだ。これも噂だが、彼が民主化の計画を発表した時、ブータンの誰もが大反対を唱えたという。例えば、こんなふうに。
「国王陛下、私たちは国王の臣民であることを幸せに思っています」「どうかわが国を今の王制のままにしておいてください」

　この時以外、国王の方針が反対にあったことは後にも先にもなかったそうだ。国王はどう考えていたのか？　一説によると、こんなふうだ。「王制というものは、たまたま王が善良な人なら悪くない制度なのだが、悪い奴だと最悪の制度だ」

　たぶん、こんなことも考えていただろうと想像できる。「民主制にも困ったところが多々あろうが、長い目で見れば、そちらの方がベターだ」と。そして、「王制から民主制にスムーズに移行できそうな今のうちに、しておいた方がよい」と。

　そして国王は、辛抱強く自説を説き、しまいには全国各

地を行脚して、国民を説得して歩いたのだという。その結果、人々は民主制への移行を受け入れることになった、というのだが、それはどうも国王の説に同意したというよりは、その熱意にうたれた、というのが実情のようだ。

世界一穏やかな"革命"

こうして、世界史上稀に見る、「国王主導の王制から民主制への転換」が実現したのだった。国王はその仕事の仕上げとして、新憲法の制定にも深く関与したと考えられている。

GNH の公式の定義によれば、それは「四つの柱」からなる。

①公正で持続可能な経済的発展
②健全な自然環境の保全
③伝統文化の保全
④よい政治のあり方

この4番目を保障するものが、王制から民主制への移行だったわけだ。

GNH という言葉を憲法に組み込みながら、王権を含む国家権力の権限を大幅に制限し、経済の暴走を防止できる憲法が完成に向かっていることを見届けると、国王は予定を一年以上早めて退位して、またまた人々を驚かせた。

ぼくは思い出す。2008年に至る民主化への移行期のブータンでは、各地で議会選挙の準備が行われていた。東部と西部を結ぶ唯一の横断道路を車で行く途中、大勢の着飾った家族連れとすれ違う。祭りでもあるのかと思うと、それは投票の練習に行く人々だった。ガイドはぼくにこう言ったものだ。「彼らは自分が何をしに行くのかわかっていないので、多分、お祭り気分だと思う」と。

　またある人は、年長の親戚たちが、一族全体が同じ人に投票するよう調整するためにわざわざ東部から首都まで

首都ティンプー

やってきているのを知って、選挙というのはそういうものではない、と反論したのだそうだ。一人ひとりが自分自身の考えに従って投票することこそ、国王の望まれた民主主義だ、と。「その時、年長者たちには、あいつ、頭がおかしくなったかと呆れられたけど、今になれば、自分が正しかったことは明らかだろう」とその人は回想する。

　いよいよ選挙も本番になると、首都ティンプーに住むぼくの友人や知人は、投票のためにわざわざ何日かかけて出身地の田舎まで帰らなければならなかった。それでもみんな文句も言わず、冠婚葬祭の時のように、いそいそと帰郷した。故郷では、町から戻ってきた親族を迎えて、それこそ祭りのような騒ぎだったにちがいない。移行期に生じた数々の感じ違いは笑い話となって、今に伝えられている。

　それは概ね、のんきでほがらかな、いかにもブータン人らしい“革命”だった、と言えるだろう。もちろん、民主制とともに始まった政党間の論戦や、政治家をめぐるスキャンダルなどに眉をひそめたり、王制時の“政治の不在”を懐かしんだりする人も少なくない。それでも、世界史上、他に例のない政治体制の大転換が、これまた他に例のないほど、穏やかで、スムーズなプロセスだったことは否定しようもない。

　その後も王家の人気に翳りは見られない。第4代国王を継いだ第5代国王の結婚（2011）、前国王の還暦（2015）、

19

そして第1王子の出産（2016）と続く祝賀の際に、人々は、国の最高のリーダーとしての国王への変わらぬ崇敬の念を示してきた。この様子だけ見れば、旧態依然としたブータンなのだ。

一方、国際舞台でのブータンによる“GNH外交”は、急速な展開を見せてきた。GNHは国連でも注目され、2011年にはブータンが提案した「社会の発展に幸福という観点をとり入れる」という決議案が国連総会で採択され、3月20日が「国際幸福デー」と定められた。

社会的幸福の諸条件

GNHは所詮、海外向けだというシニカルな見方もある。確かに、ブータン人にはこの英語由来の言葉を知らない人が多い。知っている人でも、それをブータン人同士の会話で使う人は少ないだろう。

ぼくのブータン人の友人たちは、GNHについて尋ねる外国人に、自分の太鼓腹を指して「これが私のGNHだ」とか、「夜這いの風習が廃れるにつれてブータンのGNHが下降している」とかと、冗談ではぐらかして、なかなか真面目に答えようとしない。でも考えてみれば、ブータン人でなくとも、外国人からいきなり、「幸せとは何か」と訊かれても、なかなかスラスラと答えられるものではないだろう。

GNHとは便利な政治的ツールであり、これを駆使して、近年のブータンはしたたかな外交戦略を展開している、という説もある。チベット仏教文化を中心とする点で、ブータンと兄弟姉妹のような関係にあるチベットやシッキム（🐾）が、それぞれ中国とインドに併合された今、その世界最大の二国に挟まれた小国ブータンが、グローバル化の時代に生き延びるためには、かつてのように鎖国して閉じこもる代わりに、積極的な交流を通じて、自己の存在を世界にアピールしていくしかない。ブータンを世界に知らしめ、言わば“ブランド化”していく。そのために、GNHという言葉が格好のツールとなっていった、というわけだ。

　なるほど、GNHに海外向けという一面が備わっていたというのは、十分にありうる。でも、それはあくまで一面でしかない。その一面を強調しすぎると、GNHという言葉に盛り込まれた、豊かな可能性が見えなくなる。

　ブータン政府が、GNHに大真面目に取り組んでいる証拠はたくさんある。例えば「GNH委員会」だ。それは、憲法の中にGNHが明記され、国民の幸福のために必要な諸条件を整えることが義務づけられたのを受けて、それを

🐾シッキム（Sikkim）

インド北東部の州。ヒマラヤ南麓のネパールとブータンの間に位置する。かつてはシッキム王国であったが、1975年、シッキム州としてインドに編入された。

実行するための機関として生み出された。それは、GNHという理念に照らしてすべての政策と法案を、精査し、評価し、適否を決定するという大きな権限をもつ。

　また、「ブータン研究センター」を中心にGNHにかかわる研究が進められてきた。そこでは、すでに見たGNHの「四つの柱」が、もっと細かく「九つの領域（ドメイン）」に分類されている。

①心理的な充足、②文化的な多様性と弾力性、③時間の過ごし方、④コミュニティの活力、⑤健康、⑥教育、⑦よい政治、⑧生物多様性と生態系の弾力性、⑨生活水準

ここには、これまでも人間の幸福の条件としてとりあげられてきた⑤〜⑨に、ブータン独自の視点から①〜④の領域がつけ加えられたという。これら9領域のそれぞれはさらに数項目ずつの指標に分けられ、そのすべてについての評価の合計が個々人の幸福度と考えられる。また政策や法案もこれと同様に、GNH委員会が26項目にわたって評価し、採点し、その適否を決定する。

ラストランナーとして

　さて、前国王はこうした展開を見ながら、今、何を思うのだろう？　2006年に退位して以来、ほとんど公の場には姿を現さないし、発言もしないから、彼が今、民主化の現在についてどう考えているのかは不明だ。風の噂によると、GNHについて訊かれるたびに、「え、それってなんだっけ？」とか、「そんなこと言ったっけ？」とかと、茶目っ気たっぷりに応えるのだそうだ。

　前国王は、予想もしなかったGNHの人気に、やや戸惑っているかもしれない。そもそもGNHとは、一種のジョークだった。それがいつの間にか独り歩きして、国際的な場面で学者や政治家によって大真面目に議論されたり、評価されたりしているのだから。

　その一方で、こんな噂もある。国外で注目されているの

に比して、GNHという考え方がブータンの民主政治に十分に活かされていないことに、前国王も現国王も不満をもち、危惧を感じている、というのだ。特に「四つの柱」のバランスを重視する前国王から見れば、勢いを増すばかりの近代化とグローバル化の圧力を受けて、「経済発展」の柱ばかりが強調されて、他の三つの柱との調和を失いつつあることが見えているはずだ、と。

　ここからはぼくの希望的観測だが、前国王にも現国王にも、今、世界中あちこちで起きていることが見えているはずだ。すなわち、グローバル経済が世界中を席巻し、その権力はついに、各国の国家主権をも凌駕し始めている。そ

チモン村小学校

して、多くの国で、民主主義が脅かされ、ブータンで言う「よい政治のあり方（グッド・ガヴァナンス）」が、「経済成長」のために犠牲にされようとしている、ということが。

そもそも、賢君とその同志たちは、ブータンの新しい姿をデザインする時に、来るべきグローバル経済の荒波を予測し、それへの防波堤として、GNHを憲法の中に組み込んだのではなかったか。

ブータンに詳しい外国人には、防波堤としてそれが実際にどれだけ効果的か、疑問視する人が多いようだ。ぼくだって、楽観的にはなれない。でも同時に、GNHという言葉そのものに象徴される、ブータン流の楽天的なエネルギーをぼくは過小評価したくない。

ブータンへの最初の旅以来、ぼくは何人もの人たちがこう話すのを聞いてきた。ブータンは言わば現代世界のラストランナーだ。他のすべての国が自分たちより前を行くからと言って悲観することはない。私たちには、前を行く者たちが躓いたり、転んだり、道を間違えたりするのがすべて見える。それを学びながら、慎重に、ゆっくりと、進んでいけばいい。先を急ぐことも、他者と競うこともない。自分たちのペースでいけばいい…

庶民の中に生きているこうした伝統的な知恵が、GNHという言葉の中にこだましているようにぼくには感じられる。

ホリスティックに世界を見る

　東日本大震災から2ヶ月も経たない2011年5月はじめ、ぼくは、民主化後のブータンで最初の内閣を率いたジグメ・ティンレー首相（当時）（🐦）と会見した。震災の直後から、ブータンでは国をあげて日本の被災地に向けての祈祷を行ってきた国の首相から、直接メッセージを受け取って、それを日本に届けたいとぼくは思ったのだ。（『ホーキせよ！』所収）（🐦）

　日本に向けてのメッセージの中で、首相はGNHという言葉を使って、こう言った。大震災が思い出させてくれたのは、自然界と人間がどう融和し、調和して生きるか、という問いこそが大切だということ、だ。そしてそこにこそGNHの意味がある、と。

🐦ジグメ・ティンレー（Jigme Thinley 1952-）
インドのデリー大学で学んだ後、アメリカのペンシルベニア大学で修士を取得。帰国後官職を歴任し、98年には外務大臣に、同年と2003年には閣僚評議会議長（王政時代の首相相当職）に就任。2008年3月、ブータン調和党党首としてブータン初の総選挙で首相に選任された。

🐦『ホーキせよ』
辻信一・ナマケモノ倶楽部著、ゆっくり堂発行のポスト3・11時代のドキュメント。3・11以降、国内外のエコロジストたちから発信されたメッセージ(Part1)、あたらしい文化を創造していくための対話(Part2)、ナマケモノ倶楽部の会員たちが綴った3・11以降の生きざま(Part3)の3部で構成。

また彼は、「より全体的（ホリスティック）な見方で世界を見る枠組み」を与えてくれるのがGNHだと言った。人間は、決して単に身体的、物質的な次元だけで存在しているわけではない。人間は、社会的なニーズを抱えて生きる社会的な存在でもある。さらに、五感で知覚できる刺激によってだけでなく、より深いレベルの精神的な欲求をもつ存在でもある、と。

　GNHと仏教の関係にも触れながら、彼はこう日本人に呼びかけた。

ジグメ・ティンレー前首相との会見

「大震災は、ブータンという小国から発せられた GNH という考え方を見直すよい機会ではないでしょうか。同じ仏教国として、富や豊かさについての仏陀の教えに立ち返ってほしいのです。欲望の限界を知り、これで十分だと満ち足りているということこそが、真の豊かさです。日本人は今まさに、こうした本当の意味での豊かさについて考える時を迎えています。この新しい価値観を日本が見出す時、世界中がその後に続くことでしょう」

　それに続くインタビューの中で、ぼくはこう懸念を表明した。ブータンもまた経済成長や物質的発展の方向に偏り、バランスを失い始めているのではないか、と。すると首相は「あなたの言う通りだ」とあっさり認めてから、現状を説明する代わりに、政府が前年度から取り組み始めた政策について、熱心に語り始めた。

　それは「教育の GNH」と呼ばれるプロジェクトだった。GNH が表現している倫理的な価値観を、教育システムの中に組み込むべく、シラバスやカリキュラム、そして現場の実践という両面から改革を進めているという。

　「私はこのプロジェクトの進捗状況にとても励まされていて、この分では、うまくいくのではないかと感じ始めているんです」と首相は言った。全国の学校で、生徒たち自身が、「豊かさとは何か」、「幸せとは何か」という問いを立てて、研究活動に取り組んでいるという。「瞑想の時間」

も組み込まれた。定期的に生徒の代表を呼び集めて、首相が生の声を聞いている。そこには大人たちも驚くような「幸せ」についての深い洞察が満ちていると、いくつもの例を挙げながら、首相は興奮した面持ちで語ったものだ。

目に見えないものの大切さ

近年、日本を含むいろいろな国で、豊かさの概念を問い直す動きや、経済学自体のパラダイムシフトを目指す動きが盛んになってきている。GNHがこの新しい動きのきっかけとなり、よい刺激となってきたことは、確かなようだ。

70年代はじめに出版された『スモール イズ ビューティフル』で、著者のE・F・シューマッハー（🐟）は、欧米の主流経済学からの脱却を唱えた。アドバイザーとして訪れた仏教国ビルマでの経験と、そこで受けたインスピレーションを基につくり出された自分の経済学を、彼は「仏教経済学」と名づけた。

🐟E・F・シューマッハー　（Ernst Friedrich "Fritz" Schumacher : 1911-1977）
ドイツ生まれのイギリスの経済学者。石炭公社の経済顧問の経験と経済学者としての分析から石炭や石油の枯渇を予測、原子力の利用についても警鐘を鳴らした。近代経済を科学物質主義、大量消費の上に成り立つ持続不可能なものとして批判する一方、地球環境に配慮し、人間の身の丈に合った経済政策、仏教経済学を提唱。1966年に雑誌『リサージェンス』を創刊した。邦訳著書に『スモール イズ ビューティフル』『スモール イズ ビューティフル再論』（講談社学術文庫）、『宴のあとの経済学』（ちくま学芸文庫）。

それが、今またGNHという言葉を通して、蘇ってきた
かのようでもある。シューマッハーが言っていたように、
貪欲や嫉妬心を煽りたてることでしか成り立たないような
経済に別れを告げない限り、知性や幸福や平和は、ぼくた
ちから遠ざかっていくばかりだ。その代わりとなるべき、
"幸せの経済学"に本気で取り組まなければならない時代
が来ているとぼくには思える。

　GNHが国際的に注目されたのはいいこととして、しか
しその一方で、GNHという考え方に変化が生じているこ
とも確かだ。特に、GNHを、GDPやGNPのような指標
とするために、それを数値で表すべきだという声が高まっ
ていったことに、ぼくは注意を向けたい。

　こうした声が、やがてプレッシャーとなって、ブータン
の専門家たちをGNHの指標化へと、動かし始めたのでは
ないか。GNHが計測できず、数値化されないものなら、
指標とは言えず、経済学のような学問の対象にならないし、
国際的にも真面目にとりあげてもらえない、というわけだ。

　しかし、計測可能なものと見なされた途端に、GNHから
何か大切なものが失われる。思えば、もともと"駄洒落"だっ
た言葉だ。そこから、まずはユーモラスな批評精神が消え
てなくなるだろう。そして、政治エリートたちのGNHへ
の真面目な思いとは裏腹な庶民の不真面目さ、皮肉、そし
てその背後に潜んでいるかもしれない伝統的な知恵…

2000年代の半ば以来、日本でGNHについて論じるようになったぼくが、「国民総幸福」という訳語を使うと、校正時にわざわざ親切に「国民総幸福量」と"正して"くれる編集者がよくいたものだ。

　ここにも、世界中に支配的な「数量主義」が表れているとぼくは思うのだ。経済を中心とする主流社会は、圧倒的に「質」より「量」の方に傾いている。しかし、だ。第4代国王があの"駄洒落"に込めた重要なメッセージが、「この世には計測できない大切なものがある」ということだったとしたらどうだろう。

　ぼくは思う。「GNH」とは、GNPに代わる指標の提案ではない。経済という"土俵"に代わる、幸せという"土俵"の提案でもない。それはむしろ、グローバル経済競争の"土俵"に弱小国を引きずり込もうとする大きな圧力への抵抗であり、進んで土俵に乗ろうとする他の「途上国」への忠告だったのではないか、と。

　考えてみればすぐわかるように、GNHの「四つの柱」の中の自然の健全さを、その自然が人間に与えてくれる恩恵を、文化の活力を、その文化が人間に与えてくれる恩恵を、どう測れるだろう？　逆に、「測れるものだけを信じる」という心のあり方こそが、社会に深刻な問題を引き起こし、人間を不幸せにしているのではないか、とぼくには思えるのだ。

祈りの豊かさともう一つの"GNP"

　ブータンでは、豊かな生態系、盛んな自給型農業、家族の絆の強さ、コミュニティに生きている助け合いの精神、信心深さ、伝統文化への誇り、など、日本ですっかり衰えたものが、まだまだ健在だと感じられた。そして、そのせいだろう、老若男女を問わず、人々の幸福度はかなり高そうに見えるのは確かだ。だが、もちろん、それらを計測することなどできはしない。

　それでも、ブータンという社会の幸せ度の高さを、よく表していると思われることがいくつかある。その一つは、国中のいたるところで見られる祈祷旗だ。竿にかける縦長の旗がダルシン、横並びに紐にかける五色旗がルンタ。どちらも、風にひと揺れするたびに、そこに刷り込まれているお経が、口で唱えたのと同じ効力をもつ祈りとして宙に放たれる。

　これまたいたるところに置かれているマニ車も、時計回りに一回転するたびに、内蔵されている聖典が、口で唱えるのと同じ効力を発揮する、と信じられている。特に、来世の準備に入ったお年寄りは、一日中、暇さえあれば、回している。小川に据えつけられたマニ水車は、水の力で回り続けている。

　祈祷旗もマニ水車も、自然エネルギーによる"持続可能な

祈り"にちがいない。最初は自分や家族の利益のためにそこに置かれたものだったかもしれないが、一度動き始めたら、もう、誰のための祈りなのかはわからない。そして、誰のためでもあるような"持ち主のない祈り"として、年がら年中、休みなく、ヒマラヤの空に向かって放たれる。

そうやって発信される祈りの数を数えることはできないが、もしもそれを基準にするなら、ブータンはきっと世界一の国だろう。GNHの駄洒落精神に倣えば、それはブータン版GNP。ただし、その"P"は「prayer（祈り）」のPだ。

もう一つ、ブータン中どこでも見られるものに、かけ軸や壁に描かれた「仲良しな四つの動物たち」の絵がある。果実をつけた大木のすぐ横に、ゾウがいて、その上にサルが、そのまた上にウサギが、そのまたまた上に鳥が乗っているという絵だ。家庭でも、公共の場所でも、お寺や学校でも、とにかくよく目にするから、ブータンの人々はこの絵がよほど気に入っているらしい。

これにはいろいろな解釈があるようだが、ぼく

がブータンで聞くのは、こんな話だ。まず鳥が木の種をここへ運んできて、ウサギが除草し、サルが肥料をあげ、ゾウが水をまいたり、木陰をつくったりしたおかげで、木はすくすくと育ち、しまいにたくさんの実をつけた。その実を、今こうして鳥がとり、下のウサギへ、サルへ、ゾウへと渡しながら、みんなで分かち合うことができたとさ。めでたし、めでたし。

またこんな説明のしかたもある。4匹が語り合ってみたら、一番体の大きなゾウよりもサルの方が、サルよりもウサギの方が、この木と長いつき合いだということがわかる。さらに、種を運んできた一番体の小さい鳥こそが、一番の先輩だということになった。そこで、一番"年下"のゾウが下になって、自分より"年上"のサルを上に乗せ、サルは自分より"年上"のウサギを上に乗せ、ウサギはさらに"年上"の鳥に敬意を表して自分の上に乗せる。こうして、上の鳥から下の動物たちへと果実を渡しながら、みんなで享受することができた。

何を基準にするかで、どちらが「上」で、どちらが「下」か、が変わってくる。同じように、「強弱」や「優劣」といった関係は、絶対的なものではなく、相対的なものだ。それに気づきさえすれば、競争から共生へ、GNPからGNHへ、奪い合いから分かち合いへ、と向かう筋道が見えてくる。

34

いずれにせよ、この絵には、動物たちが種の違いを越えて、互いを敬い、協力し合って、自然の恵みを分かち合いながら平和に暮らす様子が描かれている。それが、家族やコミュニティ、さらには社会の理想的なあり方を象徴しているのだろう。この絵そのものが、一種の祈りだと言ってもいい。

　幸せを計測したり、比較することはできない。でも、「GNH」というユーモアにあふれた言葉の中に、それを生み出したブータン社会の幸せの質と、幸福度の高さが表現されているとぼくは思うのだ。

ブータン東部からのヒマラヤの山々

小さな村の大きな力
―東部ブータン チモン村の"住まう"知恵―

大岩剛一

東部ブータンの秘境チモン村へ

　2014年の秋から半年の間に、二度もブータンを訪れる機会に恵まれた。特に、2015年3月の初頭に総勢7名で訪れた東部ブータンの旅は、忘れがたい貴重な体験である。インド北東部、アッサム州のグワハティ空港から陸路でブータンに入国。東部ブータンの玄関口に当たるサムドルップ・ジョンカルを車で出発して、ガードレールもないデコボコ道を揺られながらけわしい峠をいくつも越え、二日がかりでペマガツェル県の中西部に入った。チモン村は、西に隣接するモンガル県との境を流れる河に近い、標高1100〜1200mの奥深い山間部に広がる、まるで隠れ里のような集落だ。

　村人総出の歓迎を受けたぼくたち一行は、何軒かの民家に分散し、それぞれの家で三泊することになる。2000年から藁やヨシなどの植物繊維素材を活用した家作りを通し

て、「住」の意味を見直す活動を行ってきたぼくにとって、この滞在は、自然とつながり、伝統を大切にして暮らす人々の集落と住まいに触れる、またとない機会になった。ぼくのテーマは、私たちの住まいがこの60年間に手に入れたものと失ったもの。旅の目的は、住むことにおける本当の豊かさとは何かを、ブータンの人々の住まいと暮らしから

学ぶことだ。

　谷合の緩やかな斜面に広範囲に点在している家々。どの家も母屋と作業庭を中心に、その周りに主食のトウモロコシや雑穀、野菜などの畑と放牧地が広がっている。青々とした水田が谷を一面に覆っていた西部ブータンとは、まったく異なる集落景観だ。

　村の暮らしを支えているのは、ヒマラヤ山脈からもたらされる豊富な水と、夏のモンスーンがもたらす森の恵みである。ブータンでは、地域分散型の小規模な水力発電ですべての電気をまかなっている。チモン村の家々に初めて灯った明かりは、モンガル県の水力発電所からはるばる引いてきたものだ。村に電気が引かれたのも道路が開通したのも、ぼくたちが訪れるたった2年前（2013年）のこと。

それまでは何日もかけて山を歩いて越えないと町にも出られなかった。生活に必要な水はすべて自分たちで山から引き、煮炊きと暖房はすべて薪でまかなう。外部から隔絶されたチモン村の暮らしを支えてきたのは、遠大な時間の中で蓄積された、自給のための豊かな知恵と優れた技術だ。

大地の恵みでつくるしたたかな家

　チモン村はシャチョップと呼ばれる先住民の村。民家には二つのタイプがある。一つは木と竹と土でつくった質素な平屋の高床の家で、竹を編んでつくった壁の下地の上に土を塗ったものだ。日本では竹を格子に組んで藁縄で縛ったものを下地にするが、ここでは竹を網のように編んで使

う。形を自在に変えるしなやかな竹版(ちくはん)技術は、ザルやショイコなどの生活用具から屋根裏や窓の風除け、室内の間仕切、家畜小屋や牧草地の見張り小屋の壁に至るまで、暮らしの中に深く浸透している。石、土、木と並ぶチモン村の住まいの主役といっていい。

面白いのは、母屋の壁に張りつくように設けられた高床のテラスだ。床には割竹を敷き詰め、屋根は庭先で栽培しているバナナの葉と、シンブーという草を組み合わせて葺いている。材木と材木を接合する時は、フランシンという樹の皮を割いて、ひも状の縄にして縛る。

　このテラスは、風通しの良い日陰のある半戸外ともいうべき、貯蔵と作業のためのスペースである。かまどでの煮炊き以外の調理の下ごしらえから、家事労働のほとんどすべての作業がここで行われ、村人同士の交流も行われる、井戸端的で多機能な空間だ。

　もう一つのタイプは、美しい装飾を施した窓が壁から出窓のように迫り出した、チベット仏教様式の影響を色濃く受けた石の家だ。石を積んで土で固めてつくった厚さ50〜

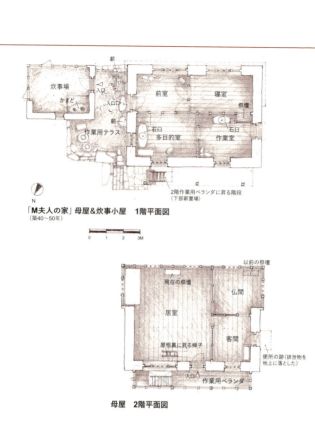

「M夫人の家」母屋&炊事小屋　1階平面図
（築40〜50年）

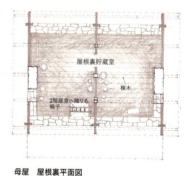

母屋　2階平面図

母屋　屋根裏平面図

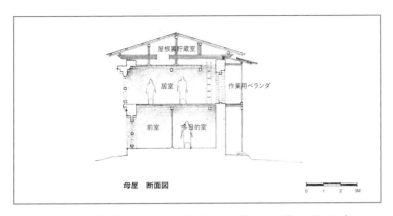
母屋　断面図

60cmもある保温力の高い壁が、1階と2階を風と寒さから守っている。重厚な石の壁の上には、木の柱で支えた屋根が載り、谷から吹き上げる風が、屋根と屋上の間を吹き抜ける。風通しの良いこの屋根裏は、穀物などの食糧や燃料の薪、道具類を保存するのに格好の貯蔵庫だ。

主に作業場と寝室のある1階部分。仏間を中心とする2階の広間と客間。屋根裏（3階）の貯蔵庫。このように石の家は3層構造になっているのだが、面白いのは家の中に三つの階を直接つなぐ階段がないことだ。1階には外から直接入れるが、2階に行くにはまず外から階段を上り、農作業用のベランダを通って玄関に入らなければならない。部屋の隅に立てかけられた梯子を登ると屋根裏の貯蔵庫だ。仏間と寝室を除けばどの部屋も、吊るされたトウモロコシなどの穀物や保存容器、石臼などの道具が占めている。

自由で大らかな住み方を目の当たりにして、つくづく考

えさせられるのは、今日の日本の住宅のあり方だ。2LDKや1DKといった記号化された間取に合わせて家族のライフスタイルを考えるようになったのは60年前のこと。室内への関心は高まったが、外部とのつながりが希薄になり、住宅の均質化が進んで住み方にも個性がなくなった。自然や命とのつながりを通して住まいを考えるホリスティックな眼差しが、いつの間にか失われていたのだ。

人の暮らしが自然界と一体となって循環する自給の村チモンでは、大地の恵みである作物と人の動線が建物と部屋の配置を決める。部屋は、外の自然と直接つながらざるをえないのだ。ここでは母屋と炊事小屋と周囲に広がるすべての外部空間が、村を取り巻く大地そのものが、自給自足の暮らしに不可欠な作業場なのである。

命とつながる聖なる土の床

　チモン村ではどの家も母屋と炊事小屋が別棟になっている。忘れられないのは、泊めてもらったタラモ、ルンテン夫妻の炊事小屋での食事風景だ。

　朝日もほとんど入らない煤だらけのまっ暗な室内。虫を殺めず寄せつけまいとする村人の知恵なのか、煙突をつけない炊事小屋の中は煙がすぐ充満する。かまどにくべられた薪の炎を囲んで車座に座った土間。朝っぱらから彼らの手作りの酒を勧められて困っているぼくたちを楽しそうに見守る顔。煮炊きの手をゆるめず、食の細いぼくたちに呆れながら、さかんに食事を勧める夫婦の絶えない笑顔と笑い声。奥さんのルンテンが扉を開けて残飯を表に勢いよく

ぶちまけると、鶏が殺到してあっという間に平らげる。

　狭い洞窟のような暗闇で火を囲み、土間に座って食事をしていると、自分が人類最初の住居の記憶の世界に舞い戻り、食の原風景を垣間見ている気がしてくる。しかもかまどのあるこの土間は、豊かな食材のふる里である畑や森と地続きでつながっているのだ。

　思い出してみよう。素性のわからない食材が詰まった冷蔵庫や冷凍庫がデンと場所を占める、私たちの快適なキッチンのことを。キッチンの床が地面から50cmほど上がっているのを忘れた時、きっと私たちは、命を育む大地とつながる必要を感じなくなったにちがいない。

　炊事小屋の屋根は厚いマツの板を少しずつ重ねて並べた板葺きだ。ブータンでは、マツは、さまざまな生活儀礼に

欠かせない聖なる木だそうだ。入口の軒先に吊された、男根をかたどった彫物や魔除けの弓。かまどの形は女性器をかたどったものだと何かの本で読んだことがある。チモン村の炊事小屋は、いくつもの結界を張りめぐらせた神聖な火の神の棲む家、母なる大地の恵みと家族の幸せを願う、祈りの家だった。

大地への祈りは風に乗って

この村にもグローバル化の波は確実に忍び寄っている。近年屋根に葺くトタンを始めとする安価なインド製の工業製品の流入が目立つようになった。玄関扉の横に、異物のように張りついた配電盤。炊事小屋の暗闇でひときわ光沢を放つ、めったに使うことのない電気炊飯器。だが、村を取り巻く環境を知りつくした人々の、長い伝統的な暮らしの中で蓄積された優れた技術と豊かな知恵は、まだまだ健在だ。

多様な植物の種類とそれぞれに適した用途。そしてそれを可能にする技術。彼らは、自分たちが暮らしている地域の材料の種類と特徴を知り抜いていて、何をどこに使えばよいかがわかっているのだ。親戚、友人と一緒に楽しく家作りをする結も生きている。チモン村は自給の楽園。大地に根ざした暮らしが受け継がれていく限り、住むための豊

かな知恵も継承される。それは、私たち日本人が失って久しい「住まう」技術だ。

今回のブータン東部への旅で、この60年間に私たちの住まいが失ってきたものの大きさを思い知らされた。量産化された住宅。素性のわからない建材。地域とは何の関係もない、均質でのっぺりとした町。私たちの周りには、コスモロジー（宇宙観）を喪失したそんな茫漠たる住の風景が広がっている。日本の住文化の貧しさとは、つまるところ自然とのつながりを失い、大地への祈りを忘れた私たち自身の姿ではないのか。

無数の経文を刷り込んだ祈祷旗（ダルシン）が、祈りを乗せた風を受けて揺らいでいる。ここは神の土地。神の恵みを分けてもらって生きる人々の住まいである。太陽と風と水と土によって、すべての自然と結ばれた人々の、それは大いなる大地への祈りの風景だ。

チモン村の人々の暮らしと住まいは、私たちがいつの間にか忘れ、失ってきたものをたくさん思い出させてくれる。大地と、自然とつながり直すことなしにはつくれない、懐かしい未来の風景を見せてくれる。エコロジーとは、つつましく、美しい村の暮らしの隅々に、彼らのはじけるような笑顔の中にこそあることを教えてくれる。

民家実測協力：カルマ・ロブサン、仲吉京子、大岩さや
図面作成協力：波多野蓉子

大岩剛一（Goichi Oiwa）
建築家。スローデザイン研究会代表、ナマケモノ倶楽部世話人。2000年より「藁」と「スロー」をキーワードに、圧縮した稲藁を使ったストローベイルハウスの研究を始める。「善了寺」「さくらおろち牧場（ホースセラピー交流施設と厩舎）」「カフェスロー」「Cafe ネンリン」等の設計を手がけ、オルタナティブな生き方を模索する人々のためのコミュニティの拠点づくりに努める。著書に『ロスト・シティ・Tokyo ～忘れられた風景からの都市論』（清流出版）、絵本『わらの家』（インデックス・コミュニケーションズ）、『草のちから 藁の家』（共著、INAX出版）他。「文化誌 近江学」（成安造形大学附属近江学研究所）連載中。

チモン村のツェチュ祭

ペマ・ギャルポの幸せ論
辻 信一

 ペマ・ギャルポという人

　2004年、ブータンを調査のために初めて訪れたぼくを案内してくれたのが、ベテランのツアーガイドであり、自ら「エンシェント・ブータン」というツアー会社を設立して間もないペマ・ギャルポだった。ぼくたちは意気投合、兄弟と呼び合う仲になった。以来、日本からの手作りエコツアーを企画・実施しながら、グローバル化の波を受けて急激に変貌し始めたブータンのこれからについて、一緒に考えてきた。

　2009年、ぼくはペマの出身地であるブータン東南部ペマガツェル県チモン村を訪ねた。当時は電気もなければ、車道もないという奥地の村で、首都ティンプーから車で四日、歩いて二日かかった。初めて訪れる外国人であるぼくを、村人たちは、まるで異国の王様のように大歓迎してく

れたものだ。いつの間にか、彼らが言う"前世の縁"をぼくも受け入れ始めていた。

　2012年、この村を舞台に、在来コットンの文化を再生するプロジェクトを立ち上げた。衣食住の自給を軸とするローカル経済を再確立することで、ブータンにおける一つの発展モデルにするのがペマとぼくの願いだ。

　ここで、ペマの略歴を紹介しておこう。

　ペマは誕生日を知らない。実は、歳も定かではない。でも、それは彼の世代のブータン人には珍しいことではない。生まれ育った奥地の村には、自給自足の暮らしと伝統文化が何百年も続いていた。大きな変化の兆しが現れたのは、彼の少年時代だった。ある日、王国政府の役人がやってきて、彼の両親にこう言った。山の向こうにつくられた「学校」というところに、息子のペマを送るように、と。

　昔からの労働奉仕の一種だと考えた両親は、家にとどまるように息子を説得した。しかし、それから数年、選ばれ

て学校へ行った子どもたちが、休暇で村に帰ってくるたびに、知らない言葉を喋ったり、こぎれいになっていたり、何やら不思議なオーラを身にまとっているのに、ペマは衝撃を受けた。そしてこう疑い始めた。世界には何やら大きな変化が起きているのではないか。それなのに自分は山奥で、それも知らないまま、何らかの大切な機会を逸しているのではないか。

「学校」という場所の意味を理解し始めたペマは家出を決意、間もなく山を越える。両親がそのことを知ったのは2ヶ月後、失踪した息子の死を覚悟した後だった。

寄宿学校で数年が経ち、ある時ペマは、ふと鏡に映った自分の顔に、うっすらと髭が生えているのに気づいた。何歳か年下の同級生が、彼のことを「アッパ（おじさん）」と呼ぶのが、やっと腑に落ちた。

すでに、学校の勉強が自分に向いていないと思い始めていた彼は、間もなく学校を後にして、もっと広い世界を目指して旅立った。

首都ティンプーでしばらく過ごすうち、ペマは「観光」というものがあることを知った。ブータンの外にある世界のことを学校で習ったが、その外の国々から人々がブータンのことを知りたいと思ってやってくる。そんな彼らを案内するガイドというものが必要とされていることを知り、それは自分にうってつけの役目ではないか、と思うように

なった。

　早速ガイドを志望したが、ガイドになるには仏教の知識が必要だという。そこで彼は思い立って、南インドにあるチベット仏教の僧院に修行に出た。

　やがて、帰国したペマは、海外からの観光客のために、国を開いたばかりのブータンの公認ツアーガイドのひとりとして働き始めた…

ペマ語録 ―日本にて―

　2014年、熊本市で行われたフェアトレード国際会議の招きで来日したペマは、関東から関西へ、そして南九州へと旅をしながら、各地で開かれた交流会や講演会で話をした。回を重ねるごとに舌は滑らかになり、話にも磨きがかかる。例えばこんな調子だ。
「日本人はとにかく忙しい。いつも時間がないと言っている。日本人は世界最高の時計をつくるが、肝心の時間がない。ブータン人は時計をつくれないが、時間だけはたっぷりある」

　各地で日本の印象を問われた。特に「ブータンは幸せの国」という噂を聞いている人たちには、ペマの目に、日本人が幸せそうに見えるかどうかが気になるようだ。ある集まりで、彼はこう答えた。
「失礼を承知で正直に答えます。大都会では、日本人は人間というよりロボットに近い」
　ブータンにはない電車や地下鉄、そして新幹線には興味を覚えるが、それより驚いたのは乗客だ。
「たくさん乗り物に乗りましたが、そこで見た日本人こそ、まさにロボットでした。日本人がやっていることは主に三

つ。乗ってきた途端に携帯を使い始める。本を読んでいる人も少しいる。あとは寝ている」

特に乗り物の中で寝ている人がいるのに、ペマは目を見張る。

「私はこれまで、立って寝るのは馬だけだと思っていたが、日本では人間もやっている。でも、自分の降りる駅にきたらぱっと起きて降りる」

起きている人のほとんどは携帯に釘づけだ。

「いくら日本でも、何十年か前まで携帯なんかなかったはずです。その頃の耳はもっと幸せだったのではないか。目も安らかで平和だったのではないか。空気はもっときれいで、鼻も幸せで、よい香りを嗅いでは楽しんでいたのではないか、と私は思うのです。私がもし日本のえらい大臣を知っていたら、ぜひ提言したい。一年に一日でいいから、携帯を使わない日を法律で定める。一日やめたからどうなる、というわけではないかもしれないが、一日でも、昔のご先祖さまたちが、目で何を見て、耳で何を聞き、鼻が何を嗅いでいたかを思い出す

第8回フェアトレードタウン国際会議in熊本にて

きっかけになればいいんじゃないか、と。私は思うのです、もしわたしたちが過去をよく知らなかったら、未来も知らないということにもなるのではないでしょうか」

最後にペマはこうつけ加えた。

「ブータンには"幸せの五つの扉"という言葉があります。足、手、口、目、耳…。その扉を通じて世界を歩く、感じる、味わう、見る、聞く。世界とつながる。それこそが幸せというものでしょう」

大阪から南九州へ。ぼくとペマの旅もいよいよクライマックスだ。田舎へ行くほどにペマは元気になっていく。景色も、人々の暮らしぶりも、子どもたちが駆け回っている様子も、ブータン同様に美しい、と。

彼の口癖は、「生まれる時も死ぬ時もこの身一つ」

現代人はそれを忘れて、あれもこれもと欲しがり、手に入れようとする。しかし、とペマは、宮崎県のある村の集いで語った。

「この身一つに、いったい服は何着、必要なのか。たった二つのこの小さな足のために、いったい何足の靴が必要なのでしょうか？ 服をたくさんもつには、それを買うために、多くの時間をつぎ込んで働かねばいけないから、その分、大事なお子さんの顔も見ないで働くわけですよね。どっちが大事なんでしょうか？ 物なんか少なくたって、その

分、家族や友だちと時間を過ごした方がずっといいじゃないですか。服をたくさんもったらもったで、どれを着るか選ぶのに時間がかかる。どれを着るか、それに合う靴は、靴下はどれか、などと悩むでしょう。それなのに、たくさんもてばもつほど、もっと欲しくなるらしいのです」

そしてペマは、こうまとめた。
「私たちはたくさんもてばもつほど幸せになると思うのは、間違いなのです。もてばもつほど、ストレスが増え、もっと欲しい、もっと欲しいと、欲望に駆られるほど、私たちは不幸せになっていくのです」

そこでも、日本人は幸せそうに見えるか、という質問が飛んだ。ペマの反応は、前とは大違いだった。
「大都市は、私にとってはみんな同じに見えます。でも、ここのような田舎に着いた途端、ブータンに帰ってきたような親しみ、みな前世からの家族なのではないかという近しさを感じます。見たことのあるような顔ばかり。もうそっくり。しばらく会ってないクラスメイトのディキさんには、もう10年くらい会っ

あさぎり町須恵小学校にて

ていなくて、どこに行ったかと思ってたら、ほら、ここに
いた（笑）。風景も、人々も、子どもたちがそこいらを駆け
回っている様子も、みな美しかった。私はブータンが最高
に美しいと思っているけど、いや、あなたたちも美しい所
に住んでいる」

　この時ペマは、自分が今いる場所が、かつて原発誘致計
画があった地域だということを知らなかったはずだ。しか
し、こう言った。
「だから、もうこれ以上は開発なんかしない方がいい。ブー
タンでは“足るを知る”ことこそが幸せの鍵だと考えていま
す。お願いです。もう開発はやめてほしい。開発屋さん
が来たら、丁重に帰っていただきましょう」

　ツアーの行く先々、どこで話す時も、ペマは最後にこう
言って話を結んだ。
「もしも私の話に失礼なところがあればお許しください。
嫌なことがあったら、忘れてください。日本人がどれだけ
忙しいか、私はよく知っているつもりです。その忙しい皆
さんが私のような、無学の田舎者のつまらぬ話を聞きにき
てくださって、本当にありがとうございました」

ペマの"バクチャー"幸せ論

これは、何年かにわたってぼく(辻)が ペマの協力のもとに行ってきた、ブータ ンでのスタディツアーにおけるペマの発 言を編集し、最終日の"特別講義"とし て再現したものである。

　私が大切にしている「バクチャー」についてお話します。 ブータン語でいうバクチャーというのは、ブータンの文化 にとっても大事なキーワードだと私は思っています。

　誰もがバクチャーをもっていて、私ももっている。それ は良くも悪くも、非常に力の強いもので、小さい問題から 大きな問題までつくり出す。戦争という大問題までも。

　年寄りにも、若い人にもバクチャーはある。みなさん、 考えてみてください。頭の中や、心の中に、「ああだった らよかったのに」とか、「こうすればよかった…」という 後悔の気持ちがありますよね。それがバクチャーです。

　でも後悔と言うと、悪いことのように聞こえる。でも、 いい思い出もまたバクチャーです。みなさんはブータンに やってきて、どんなバクチャーをもつことになったのでしょう。それは「ああなればよかったのに、こうなってし

まった」という苦い思い出かもしれない。でも一方には、いい思い出もあるかもしれない。

　先日、サッカーの国際試合があってブータンはカタールに 15 − 0 で負けた。そんな負け方をすれば、国によってはあまりの屈辱で激怒したり、絶望したりして、中には自殺してしまう人もいるかもしれない。でも一方に、それを残念だと思いながら、同時によい思い出とする人もあるだろう。

　ブータン人はたぶん、「今日は相手が勝つべき日で、我々が負ける日だったのだ。神々がそう望んだのにちがいない」と考えるでしょう。

　残念に思うのは自然なことです。「残念」というのはバクチャーです。そのバクチャーをどう生きるかに、違いが表れます。負けるのは残念なこと。でもそれを自分の中でどう受け止め、どう受け入れて、どう消化するのか、で変わってくる。バクチャーをどう生きるか、が肝心なのです。

　この世にはケンカや争いが絶えない。しまいには戦争したり、絶望のあまり、自殺する人もたくさん。これらはみなバクチャーによるものだと私は思っている。愛もまたバクチャーです。愛は人に歓びを与えもするし、人を殺しもするんです。戦争を引き起こすほど否定的なものでもありうるが、同時に幸せをもたらすものでもありうる。

　みなさんは、つい数日前にブータンの田舎の村にホーム

ステイして、家族と仲良しになって、最後には涙を流して別れを惜しみましたね。見送る村人たちが本当に悲しんでいたのを私は知っています。あなた方が去っていくのを見ながら、「ああ、悲しい。もっと、この村にいてほしい」と心から思っていたのです。彼らのその感情もまたバクチャーです。

　これはよいバクチャーです。別れることがつらい。そのつらさを美しい思い出として、彼らはずっと大切にすることでしょう。だから、みなさんもよいバクチャーをぜひ大切にしてください。それがあなたの心の中の美しさなんですから。それを楽しんでください。

　日本についてのバクチャーが私にはたくさんあります。楽しいこと、美しいと思ったことは、今となってはよい思い出であり、よいバクチャーです。でもすべてが最初からうれしいことだったわけではない。嫌なことも、残念なこともあった。

　宮崎県のある美しい海岸でのこと。石を手に取ってみたら、ものすごい軽い。聞けばそれは溶岩というものだそうです。これは面白い、ブータンにもっていくぞと考えてワクワクしました。もって帰ってブータンのみんなに見せてやろう、と。

　その直後、ある家で美味しいごちそうをいただき、楽しいひと時を過ごしたんですが、そこにあの石を忘れてきて

65

しまった。それからというもの、私は日本人に会うたびにその石のことを思い出す。

でも、私は思うんです。ああ、あの石は、私によってブータンに連れてこられるべきものではなかったのだ。私のものになるべきものでなかった、ブータンに属するものではなかったのだ、と。そして私は思いました。そうだ、それがカルマ（因縁）だ。そう考えた時、すべてが喜びに変わりました。あの石のことを思うたびに、私は幸せな気持ちがします。

なるべく後悔しないですむように、バクチャーを避けて、平穏に生きていきたい、という人がいます。でも、私は違う。私は、むしろバクチャーを迎え入れる。バクチャーとともに、ワクワクと生きたいのです。

だとすると、肝心なのは、バクチャーとともにどう生きるかだ、ということになります。悔いのないように生きると言うけれど、人生には失敗はつきものです。いろんなことが自分の思う通りいかない時もある。いや、人生にはうまくいかないことの方が多いくらいです。

うまくいかないことが続く中で、どう生きるか、が問題です。そこにビッグ・ハートとスモール・ハートの違いが出る。心の広さ、大きさ、深さによって、人生は大いに変わってくるのです。

望みの多くは果たせないもの、夢の多くは実現しないものです。それが悪いバクチャーとして心の中に積み上がっていったら、その重みと、その毒気で、人は病気になってしまうでしょう。では、望むこともなく、夢みることもなく、生きていくべきだとみなさんは思いますか。そんなことはないでしょう。

　とすれば、大切なのは、バクチャーをよいバクチャーに変えていくことです。ネガティブをポジティブに、苦い思いをよい思い出へ、悔恨を歓びへ、醜さを美しさへと転化する。このことを「バクチャー・ジョンパ」と言います。ジョンパは、夢がかなうことだけではなく、かなわなかった夢を悔いとせず、よい思い出へと変えることをも意味するのです。

　バクチャーのような面倒なものは避けて通るのが、利口な生き方だという人もいます。だったら、私はバカで結構。バカとして生きていきたいのです。こう言ってもいい。バクチャーは汲めども尽きぬ幸せの泉だ、と。

　「ナメサメ」というブータンの言葉を覚えましたね。「とても」「すごく」という意味でよく使いますが、みなさんはこの「ナメサメ」の本当の意味を知っていますか？　それはもともと、「天も地も超えて」ということなんです。みなさん、どうか、それくらい広く大きな〝ナメサメの心〟をもって、バクチャーを迎え入れ、受け入れ、「ジョンパ」

して、ワクワクと生きていってください。

　幸せに生きるかどうかは、あなた自身にかかっているのです。

　こんなことは学校では教えてくれませんよね。私はろくに学校へ行かなかったけれど、それでも、私なりに知っていること、考えていることをお話しました。教室で学んだことにも意味はあるでしょう。でもそれだけでは価値がない、と私は思う。真の学びはその後にくるのです。

　「負ける」ということについての私のモットーをいくつか言っておきます。

「負けるのが上手なのはよいことだ」

「ケンカするより、負ける方がよい」

「負けることで失うものは何もない」

「もし誰か勝って喜ぶ者があれば、勝たせよう。それは私の喜び」

　さて、みなさんとの旅もいよいよ終わりです。十分、みなさんのお役に立てたとか、十分なサービスを提供することができたとはとても言えません。私は私なりにできることはしたつもりですが、不十分なところはお詫びしたい。どうかお許しください。

　改めて、ブータンに来てくれて、ありがとう。ご期待に

どこまでそえたかは分かりません。もしもブータンで嫌なことがあったら、ただ忘れてください。不愉快なことがあったら、バクチャー・ジョンパして、よい思い出としてもち帰ってください。

　どうかお幸せに。タシデレ！

ペマ・ギャルポ（Pema Gyalpo）
1966年生まれ。ブータン東部ペマガツェル県チモン村生まれ。「エンシェント・ブータン・ツアーズ＆トレックス」代表。ブータンで観光が自由化された当初からガイド、ツアーオペレーターとして働き、独立。エコロジーやGNH、ホームステイを中心としたエコカルチャーツーリズムなどを企画・実施してきた。

チモン村の月

辻　信一（Keibo Oiwa）

文化人類学者。明治学院大学国際学部教授。自己と社会のホリスティックな変革を目指す活動家。ナマケモノ倶楽部世話人。ゆっくり小学校校長。「スローライフ」や「GNH」、「キャンドルナイト」というコンセプトを軸に、環境＝文化運動を進める一方、スロービジネスにも取り組んできた。『スロー・イズ・ビューティフル』（平凡社）、『ナマケモノ教授のぶらぶら人類学』『ゆっくり小学校－学びをほどき、編みなおす』（SOKEI パブリッシング）、『弱虫でいいんだよ』（ちくまプリマー新書）など著書多数。本作を含む "アジアの叡智" DVD シリーズでは企画・制作をはじめ、インタビュアーとして出演。これまでの作品は以下の5作、『サティシュ・クマールの今、ここにある未来』、『川口由一の自然農というしあわせ』、『ファン・デグォンの Life is Peace』、『ヴァンダナ・シヴァのいのちの種を抱きしめて』、『スラックとプラチャーの音もなく慈愛は世界にみちて』。

辻信一とともに歩く

タシデレ！　祈りはブータンの空に
幸あれ

2016 年 7 月 31 日　第 1 刷発行

企画・製作	ゆっくり小学校／ナマケモノ倶楽部
発行人	上野宗則
発行所	株式会社素敬　SOKEI パブリッシング　yukkuri-web.com
	〒 751-0816 山口県下関市椋野町 2-11-20
	TEL083-232-1226　FAX083-232-1393　info@yukkuri-web.com
テキスト・構成	辻信一　大岩剛一　上野宗則
写真撮影	Justine Z.Kwok　上野宗則　辻信一　大岩剛一　中嶌次郎　小久保裕史
装画	久松奈津美　瀬山直子
編集・デザイン	上野宗則　上野優香　福田久美子　久松奈津美　安田なぎ子
印刷・製本	瞬報社写真印刷株式会社

◎ PEFC 森林認証紙などのエコロジーペーパーを使用しています。
ⓒ slow small school /Sloth Club 2016
ISBN978-4-9905667-6-0 C0036　Printed in Japan